모국어가
공부의
열쇠다

정 박사의 제대로 배우는

모공열
한글

2

이 책을 만든 사람들

지은이
정도상 서울대 언어학 박사

공동 작업자
장원철 ㈜언어과학 이사

모공열 한글
2권

초판 1쇄 발행 2018년 7월 10일
초판 4쇄 발행 2022년 4월 11일

펴낸이 정도상
펴낸곳 ㈜언어과학
디자인 김현진
영업 장원철·김종수
홈페이지 www.mogong10.com
주소 경기도 안양시 동안구 흥안대로 427번길 38 성지스타위드 1302호
전화 031-345-6450
팩스 031-345-6455
출판등록 2003년 12월 2일 제320-2003-69호
인쇄처 한영문화사

ISBN 978-89-92420-23-5
       978-89-92420-25-9 (세트)

학부모에게 드리는 편지

언제 한글을 배워야 할까?

아이들의 글자 학습은 놀이와 운동으로 감각을 키우는 5-6세를 지나서 시작하는 첫 단계의 지적 학습 활동입니다. 아이들은 글자를 쓰는 활동에서 뇌와 그동안 키운 손감각을 활용합니다. 인간이 글자를 익히는 가장 적절한 시기는 7-8세입니다. 우리 교육 시스템에서 초등학교 입학 전후가 최적의 시기입니다.

우리 아이는 이미 한글을 배웠다?

최근에 조기 교육으로 3-4세부터 한글을 가르치기도 합니다. 적기보다 일찍 한글을 배워서 책도 읽고 글도 쓰는 아이들도 있지만, 아이의 성장에는 긍정적인 측면보다 부정적인 측면이 더 클 수 있습니다. 그 시기의 아이들은 글자보다 감각으로 사물과 개념을 접해서 상상력을 키우는 것이 성장에 더 도움이 됩니다.

그리고 한글을 일찍 배운 아이가 모든 글자를 정확하게 깨우치기는 쉽지 않습니다. 아이들의 논리적, 인지적 사고력이 한글의 모든 글자를 배울 정도로 체계를 형성하지 못하기 때문입니다. 한글을 어느 정도 알고 있는 아이도 처음부터 새로 체계적인 학습이 필요합니다.

올바른 학습 습관은 한글 학습에서

아이들에게 올바른 학습 습관을 길러 주는 첫 번째 기회가 글자 교육입니다. 처음부터 어설프고, 불완전한 학습 습관을 기르지 않도록 철저한 교육을 할 필요가 있습니다. <모공열 한글>은 훈민정음의 원리를 적용하여 한글을 쓰는 기초적인 방법부터 문장을 쓸 수 있는 단계까지 진정한 의미에서 한글을 끝낼 수 있도록 구성했습니다. 이 책에서 받아쓰기 학습은 포함하지 않았습니다. 받아쓰기가 한글을 익히는 데 도움이 될 수도 있겠지만 최선의 방법은 아닙니다. 지적인 학습의 첫 단계에서 아이들이 틀리면 안 된다는 강박감에 시달리지 않으면 좋겠다고 생각했습니다. 이 책은 더 효율적으로 한글을 배울 수 있는 방법을 추구합니다.

삶에서 지식과 창의력이 성공의 필수 조건입니다. 아이가 짧게는 3개월, 길게는 6개월간 한글을 배워 지식을 쌓아 가는 힘찬 발걸음을 내딛도록 격려하고 도와 주시기 바랍니다.

고맙습니다.

2018년 6월 **정도상** 올림

모공열 한글의 목표

한글을 완벽하게!

어설프게 배운 한글이 더 위험하다!

적절한 시기보다 글자를 일찍 배우면 좋은 점도 있겠지만, 아이의 상상력과 추론 능력에는 도움이 되지 않습니다. 하지만 안타깝게도 3-4세가 되었을 때 아이에게 한글을 가르치는 부모들이 의외로 많습니다. 일찍부터 한글을 배운 아이들은 어설프게 배워 그 지식이 완벽하지 않은 경우가 허다합니다. 모르는 것보다 어설프게 배운 한글이 더 위험합니다.

나중에 배워야 하는 글자는 없다!

한글을 깨우치려면 모든 글자를 읽고 쓸 줄 알아야 합니다. 그런데 한글을 다 배웠다는 아이들도 '잇/잊/있, 낫/낮/낯/낱/낟'을 정확하게 구별하고, 그 차이를 알고 있는 경우는 많지 않습니다. 한글을 올바르게 배우고 깨우쳤다면 모든 글자의 쓰임과 차이를 명확하게 알 수 있어야 합니다. 글자 중에서 일찍 배워야 하는 글자와 나중에 배워야 하는 글자가 따로 존재하지 않습니다. 우리말에 사용되는 모든 글자는 한 번에 완벽하게 깨쳐야 합니다.

실제 사용하는 말을 배워야 한다!

글자를 배울 때는 아이들이 실제로 사용하는 살아 있는 낱말을 익혀야 합니다. 말이든 글이든 '오다, 가다, 사다, 먹다'와 같은 기본형은 실제 생활에 쓰이지 않고 사전에서 사용하는 표현입니다. 이 책에서는 '가더니, 오는, 사서, 먹으면서' 등으로, 글자와 낱말을 배웁니다. 또한 7-8세 아이들에게는 사물을 지칭하는 명사 중심의 교육에서 벗어날 필요가 있습니다. 아이들이 자주 사용하는 '다시, 너무, 미리, 모두, 이미, 바로' 등의 말을 쓰면서 자신감을 가질 수 있도록 배려했습니다.

한글, 완벽하게 깨우쳐야 한다!

우리 학생들은 한 번에 그리고 집중해서 학습하는 데 익숙하지 않습니다. 어려서부터 자기도 모르게 불완전한 학습 습관이 길러지도록 교육을 받기 때문이지요. 이러한 좋지 않은 학습 습관은 대체로 조기 학습과 선행 학습에서 비롯됩니다. 한글 학습에서도 아이들은 간단한 낱말을 읽기만 해도 칭찬을 받았고, 그러한 경험으로 한글을 다 알고 있다는 착각을 하게 됩니다. 우리말의 '빗/빚/빛, 입/잎'과 같은 글자를 4학년이 되어서 구별하는 것은 올바른 글자 교육이 아닙니다. 글자는 배울 때 정확하고, 완벽하게 배워야 합니다. 또한 글자만 배우고 띄어쓰기, 낱말의 순서, 문장 부호를 몰라서 한 문장도 스스로 쓸 수 없다면 불완전한 학습입니다. 한글에 쓰이는 모든 글자를 다 읽고 쓸 수 있고, 띄어쓰기, 낱말의 순서까지 배워서, 마침내 창의적으로 하나의 문장을 쓸 수 있어야 완벽한 한글 학습입니다.

모공열 한글의 구성

모공열 한글 1권

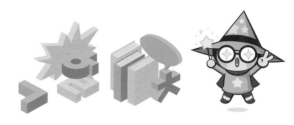

1권에서는 우리말의 '거미, 고구마, 고모, 이모, 다시, 기차, 레고, 코끼리, 꼬리, 때때로, 뿌리, 찌꺼기'와 같이 받침이 들어가지 않은 글자 학습이 목표입니다.

1단계 : **맨 처음에 글자 쓰는 법부터 시작합니다.**

한글은 '왼쪽에서 오른쪽으로, 위에서 아래로' 쓰는 것이 가장 중요한 원칙입니다. 이 원칙을 포함한 가장 기본적인 글자 쓰는 법부터 배웁니다.

2단계 : **기본 모음 'ㅏ, ㅓ, ㅗ, ㅜ, ㅡ, ㅣ'를 익힙니다.**

기본 자음(ㄱ, ㄴ, ㄷ, ㄹ, ㅁ, ㅂ, ㅅ, ㅇ)과 기본 모음(ㅏ, ㅓ, ㅗ, ㅜ, ㅡ, ㅣ)이 결합한 글자를 배웁니다. 이것을 배우면서 '고구마, 거미, 이모, 고모, 우리, 어머니' 등의 낱말을 익힙니다.

3단계 : **우리말은 자음보다 모음을 먼저 배우는 것이 훈민정음의 원리에 맞습니다.**

다른 자음을 배우기 전에 기본 모음에서 하나의 획을 더한 'ㅐ, ㅔ, ㅑ, ㅕ, ㅛ, ㅠ'를 배웁니다. 이 단계에서 '유리, 매미, 레고, 여기, 이야기' 등의 낱말을 익힙니다.

4단계 : **우리말의 기본 모음을 다 익힌 상태에서 기본 자음 (ㅈ, ㅊ, ㅋ, ㅌ, ㅍ, ㅎ), 쌍자음(ㄲ, ㄸ, ㅃ, ㅆ, ㅉ)과 결합한 글자와 낱말을 배웁니다.**

이 단계에서 '아버지, 기차, 허리, 파리, 포도, 피아노, 때때로, 꼬리, 뿌리, 아빠, 토끼, 까치, 찌꺼기' 등의 낱말을 익힙니다.

모공열 한글 2권

2권에서는 우리말의 '참치, 신발장, 목욕탕, 컴퓨터, 짜장면, 컵라면, 깜짝, 꿀꺽, 깨끗한, 과일, 바퀴, 열쇠, 외계인, 왜냐하면' 등의 낱말을 익히는 것을 목표로 합니다. 이 낱말을 익히고 나서 글자와 소리가 달라지는 원리를 배워서 아이들이 소리 나는 대로 글자를 쓰지 않도록 훈련을 합니다.

1단계 : **기본 받침에 속하는 'ㄱ, ㄴ, ㄹ, ㅁ, ㅂ, ㅅ, ㅇ'이 들어간 받침 글자를 학습합니다.**

우리말에서 기본 받침 글자이지만 'ㄷ, ㅌ, ㅈ, ㅊ, ㅋ, ㅍ, ㅎ'은 그 쓰임이 어려워서 3권에서 학습합니다.
이 단계에서 '자동차, 참치, 컴퓨터, 목욕탕' 등의 어휘를 익힙니다.

2단계 : **복합 모음 1 'ㅘ, ㅝ, ㅢ, ㅚ, ㅟ'를 먼저 배우고, 복합 모음 2 'ㅒ, ㅖ, ㅙ, ㅞ'를 학습합니다.**

이 단계에서 '과자, 병원, 열쇠, 바퀴, 외국어, 예술, 외계인, 차례' 등의 낱말을 익힙니다.

3단계 : **여기까지의 학습으로 어려운 받침을 제외한 글자를 모두 학습하게 됩니다.**

다음 단계로 넘어가기 전에 '사람이, 동물이, 밥을, 눈에서, 음악, 이름이' 등의 다양한 표현을 쓰면서 소리 나는 대로 쓰지 않고 원형을 밝혀 적는 훈련을 합니다.

모공열 한글 3권

3권에서는 우리말의 '높다, 낮다, 같다, 젖은, 떡볶이, 있다, 없다, 많은, 앉아서, 않고, 읽고, 젊은, 밟고, 핥아서, 잃어버린' 등의 낱말을 익히는 것을 목표로 합니다. 또한 소리는 같은데 글자가 다른 '이따가/있다가, 업고/엎고/없고' 등의 낱말을 구별하고 그 뜻을 익힙니다. 마지막으로 문장 부호, 띄어쓰기를 학습하고, 배운 글자로 창의적 문장과 간단한 글을 써 보게 됩니다.

1단계 : 받침 중에서 어려운 'ㄷ, ㅌ, ㅈ, ㅊ, ㅋ, ㅍ, ㅎ' 받침 글자를 학습합니다.

이 받침 글자는 아이들이 매우 어려워합니다. 이 단계에서 '높다, 낮다, 얕다, 좋은, 꽃, 옆에, 앞집' 등의 낱말을 익힙니다.

2단계 : 자주 쓰이는 쌍자음 받침 'ㄲ, ㅆ'과 겹받침 'ㄶ, ㄵ, ㅄ'을 학습합니다.

이 단계에서 '떡볶이, 많은, 앉아서, 없는, 있는' 등의 낱말을 익힙니다.

3단계 : '있다가/이따가, 같다/갔다, 낫다/났다/낮다' 등의 낱말 뜻과 글자의 차이를 익히고 난 뒤,

한글 학습에서 가장 어려운 겹받침 'ㄺ, ㄻ, ㄼ, ㄽ, ㄾ, ㄿ, ㅀ, ㄳ'을 배웁니다.

4단계 : 모든 글자 학습이 끝나고, 문장에서 마침표, 물음표, 느낌표를 쓰는 법과 띄어쓰기를 학습합니다.

마지막으로 아이들이 많이 틀린다는 문장에 쓰인 낱말들의 순서를 배웁니다. 이렇게 해서 모든 학습이 끝나고 나면 혼자서 창의적인 문장을 써 보고, 간단한 초대글 등을 쓰는 것으로 학습을 마무리합니다.

훈민정음의 원리를 충실히 반영한 모공열 한글

모공열 한글은 훈민정음의 원리에 따라서 한글 교육을 합니다. 훈민정음의 원리는 휴대전화 문자입력 시스템 "나랏글"에 잘 반영되어 있습니다.

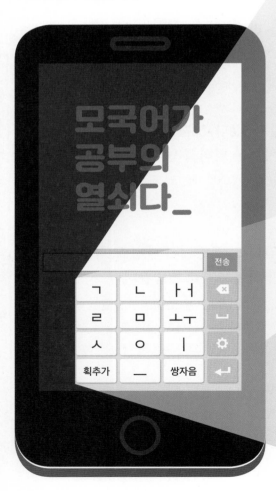

나랏글 문자 입력의 이해

자음 구성 원리

기본 자음 'ㄱ, ㄴ, ㄹ, ㅁ, ㅅ, ㅇ'에서 획을 추가(가획)해서 다른 자음을 만들고, 쌍자음(ㄲ, ㄸ, ㅃ, ㅆ, ㅉ)은 같은 글자를 나란히 써서(각자 병서) 만듭니다.

기본 자음	획추가	획추가	각자 병서
ㄱ		ㅋ	ㄲ
ㄴ	ㄷ	ㅌ	ㄸ
ㅁ	ㅂ	ㅍ	ㅃ
ㅅ	ㅈ	ㅊ	ㅆ ㅉ
ㅇ		ㅎ	

모음 구성 원리

모음은 천지인(ㆍ ㅡ ㅣ)을 활용하여 기본 모음 'ㅏ, ㅓ, ㅗ, ㅜ, ㅡ, ㅣ' 여섯 개가 만들어집니다. 이 기본 모음에 획을 추가하여 'ㅑ, ㅕ, ㅛ, ㅠ'를 만들고, 'ㅐ, ㅔ'와 다른 복합 모음은 두 개의 모음을 합해서 만듭니다.

모음 + 획 추가			
ㅏ + 획 추가	ㅑ	ㅓ + 획 추가	ㅕ
ㅗ + 획 추가	ㅛ	ㅜ + 획 추가	ㅠ

모음 + 모음			
ㅏ + ㅣ	ㅐ	ㅑ + ㅣ	ㅒ
ㅓ + ㅣ	ㅔ	ㅕ + ㅣ	ㅖ
ㅗ + ㅏ	ㅘ	ㅗ + ㅐ	ㅙ
ㅜ + ㅣ	ㅟ	ㅜ + ㅔ	ㅞ

한글 원리에 충실하게!

기본 자음과 기본 모음의 결합

한글은 자음과 모음이 합쳐져서 하나의 글자가 됩니다.
글자의 구성 원리를 알고 글자를 학습합니다.

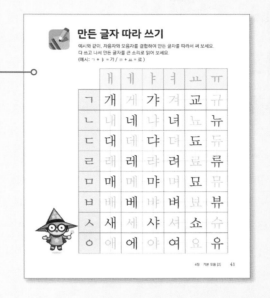

한글 모음부터 학습

인간의 말은 모음이 기본입니다. 글자도 모음부터 학습합니다.
우리말에서 가장 많이 쓰이는 기본 모음부터 학습합니다.

기본 받침이 들어간 글자 학습

우리말의 기본 받침
'ㄱ, ㄴ, ㄹ, ㅁ, ㅂ, ㅅ, ㅇ'을
학습합니다. 받아쓰기 대신
글자와 소리의 다름을 배웁니다.

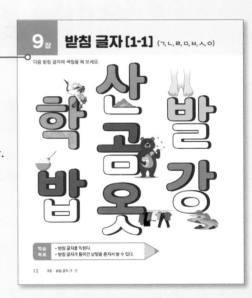

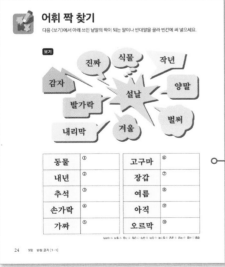

글자를 배우면서 대립 어휘를 익힙니다.

글자 단계별로 대립 어휘를 배우면서 기본적인 논리적
사고력을 키웁니다. '나/너, 세모/네모, 여기/저기, 아니?/
모르니?, 이모/고모, 파리/모기, 가서/와서' 등의 짝이 되는
낱말을 함께 학습합니다.

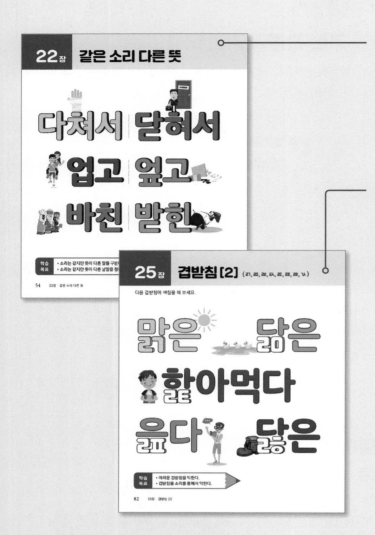

소리는 같지만 다르게 쓰는 글자 학습

우리말에서 매우 어려운 글자들을 학습합니다.
'반드시/반듯이, 어른/얼은, 모기/목이, 무리/물이,
입이/잎이, 업고/엎고/없고, 다쳐서/닫혀서, 같다/갔다,
부치고/붙이고' 등을 구별하는 학습을 합니다.

겹받침 학습

우리말에서 가장 어려운 겹받침 글자들을 학습합니다.
겹받침 글자는 '읽어서, 없어서, 얇은, 맑은, 젊은, 흙이,
밟아서'와 같이 뒤에 모음을 넣어서 쉽게 예측할 수 있는
방법으로 배웁니다.

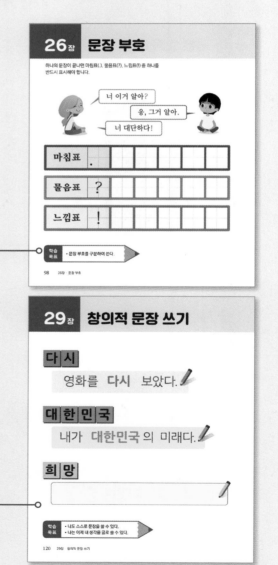

문장 부호, 띄어쓰기,
낱말의 순서 학습

문장 쓰기에 필요한 마침표, 물음표, 느낌표의
쓰임을 학습합니다. 문장을 쓸 수 있도록
띄어쓰기와 낱말의 순서를 배웁니다.

창의적 문장과 글쓰기 학습

글자를 깨우친 기념으로 스스로 문장과
간단한 글을 써 봅니다.

다음 받침 글자에 색칠을 해 보세요.

| 학습
목표 | • 받침 글자를 익힌다.
• 받침 글자가 들어간 낱말을 혼자서 쓸 수 있다. |

받침 글자 따라 쓰기

글자의 받침은 밑에 붙여 씁니다. 다음 글자를 따라서 써 보세요.

소 + 자음 받침

소+ㄱ	속	속	속	겉과 속이 달라요.
소+ㄴ	손	손	손	손이 아파요.
소+ㄹ	솔	솔	솔	도레미파솔
소+ㅁ	솜	솜	솜	솜사탕을 먹어요.

바 + 자음 받침

바+ㄱ	박	박	박	박이 커요.
바+ㄴ	반	반	반	반으로 나눠요.
바+ㄹ	발	발	발	발이 시려요.
바+ㅁ	밤	밤	밤	밤에는 자요.
바+ㅂ	밥	밥	밥	밥을 먹어요.
바+ㅇ	방	방	방	방에서 놀아요.

받침 글자 따라 쓰기

글자의 받침은 밑에 붙여 씁니다. 다음 글자를 따라서 써 보세요.

기 + 자음 받침

기+ㄴ	긴	긴	긴	코가 긴 코끼리
기+ㄹ	길	길	길	길에 핀 장미
기+ㅁ	김	김	김	구운 김
기+ㅅ	깃	깃	깃	깃털처럼 가볍게

마 + 자음 받침

마+ㄱ	막	막	막	이제 막 시작해서
마+ㄴ	만	만	만	삼만오천 원
마+ㄹ	말	말	말	잘 쓰는 말
마+ㅁ	맘	맘	맘	맘에 들어서
마+ㅅ	맛	맛	맛	매운맛

받침 글자 따라 쓰기

글자의 받침은 밑에 붙여 씁니다. 다음 글자를 따라서 써 보세요.

터 + 자음 받침

터+ㄱ	턱	턱	턱	턱에 난 수염
터+ㄹ	털	털	털	털 많은 강아지
터+ㅇ	텅	텅	텅	텅 빈 집

쿠 + 자음 받침 | **꾸** + 자음 받침 | **짜** + 자음 받침 | **싸** + 자음 받침

쿠+ㅇ	쿵	쿵	쿵	방이 쿵쿵 울린다.
쿠+ㄹ	쿨	쿨	쿨	아기가 쿨쿨 잔다.
꾸+ㅁ	꿈	꿈	꿈	내가 꿈을 꾼다.
꾸+ㄹ	꿀	꿀	꿀	꿀이 달다.
짜+ㄱ	짝	짝	짝	착한 내 짝
짜+ㄴ	짠	짠	짠	짠 반찬
싸+ㄱ	싹	싹	싹	싹이 난 나무
싸+ㄴ	싼	싼	싼	싼 물건

받침 글자 만들기

받침 자음자를 바꾸어 새로운 글자를 만드세요.
다 쓰고 난 다음 큰 소리로 읽어 보세요.

	ㄱ	ㄴ	ㄹ	ㅁ	ㅂ	ㅅ	ㅇ
가	각			감			

	ㄱ	ㄴ	ㄹ	ㅁ	ㅂ	ㅅ	ㅇ
도			돌			돗	

	ㄱ	ㄴ	ㄹ	ㅁ	ㅂ	ㅅ	ㅇ
바	박				밥		

	ㄱ	ㄴ	ㄹ	ㅁ	ㅂ	ㅅ	ㅇ
자			잘				장

	ㄱ	ㄴ	ㄹ	ㅁ	ㅂ	ㅅ	ㅇ
차	착				찹		

그림과 낱말 연결하기

그림과 낱말을 연결하고 큰 소리로 읽어 보세요.

| 감자 | 참치 | 자동차 | 도넛 | 잠자리 |

| 목욕탕 | 갈림길 | 창문 | 냇가 | 신발장 |

글자 골라 써 보기

그림을 보고, 〈보기〉에서 알맞은 글자를 골라 쓰세요. 다 쓰고 난 다음 모든 낱말을
큰 소리로 읽어 보세요.

보기

잠
집
넛
몸

도＿＿　　＿몸＿짓　　＿＿자리　　잔칫＿＿

냉
동
감
음

＿＿자　　＿냉＿면　　자＿＿차　　＿＿식

목
발
창
길

＿＿문　　＿＿욕탕　　신＿＿　　갈림＿길

그림과 낱말 연결하기

그림과 낱말을 연결하고 큰 소리로 읽어 보세요.

| 참치 | 감자 | 동생 | 몸짓 |

낱말 따라 쓰기

위에서 연결한 낱말을 큰 소리로 읽고, 따라서 써 보세요.

	첫째 날			복습	
참치	참치			참치	
동생	동생			동생	
감자	감자			감자	
몸짓	몸짓			몸짓	

그림과 낱말 연결하기

그림과 낱말을 연결하고 큰 소리로 읽어 보세요.

| 동물 | 창문 | 식물 | 냇가 |

낱말 따라 쓰기

위에서 연결한 낱말을 큰 소리로 읽고, 따라서 써 보세요.

	첫째 날			복습	
동물	동물			동물	
창문	창문			창문	
식물	식물			식물	
냇가	냇가			냇가	

낱말 만들어 읽고 쓰기

올바른 낱말이 되도록 왼쪽과 오른쪽 글자를 연결하고 빈칸에 그 낱말을 써 넣으세요.

작		식	음식	
냉		당	식당	
식		면	냉면	
음		년	작년	

	갈림길	갈림	점
	음식점	음식	길
	싱겁다	싱겁	탕
	목욕탕	목욕	다

낱말 만들어 읽고 쓰기

올바른 낱말이 되도록 왼쪽과 오른쪽 글자를 연결하고 빈칸에 그 낱말을 써 넣으세요.

마	코	결코	
결	로	절대로	
충분	침	마침	
절대	히	충분히	

	금방	금	기
	가끔	가	로
	갑자기	갑자	방
	정말로	정말	끔

어휘 짝 찾기

다음 〈보기〉에서 아래 쓰인 낱말의 짝이 되는 말이나 반대말을 골라 빈칸에 써 넣으세요.

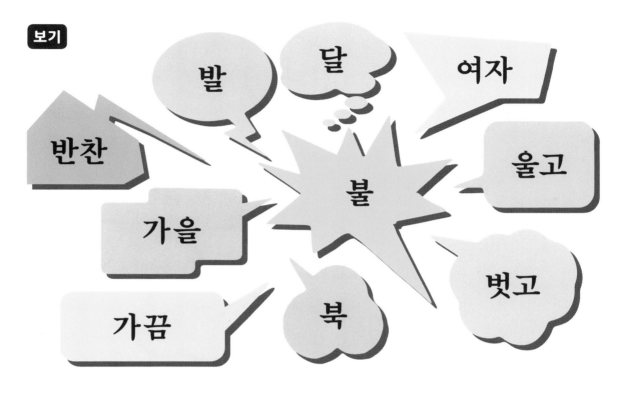

물	①	남자	⑥
손	②	봄	⑦
남	③	웃고	⑧
밥	④	입고	⑨
해	⑤	자주	⑩

정답 ① 불 ② 발 ③ 북 ④ 반찬 ⑤ 달 ⑥ 여자 ⑦ 가을 ⑧ 울고 ⑨ 벗고 ⑩ 가끔

어휘 짝 찾기

다음 〈보기〉에서 아래 쓰인 낱말의 짝이 되는 말이나 반대말을 골라 빈칸에 써 넣으세요.

보기

진짜, 식물, 작년, 감자, 양말, 발가락, 설날, 벌써, 내리막, 겨울

동물	①		고구마	⑥
내년	②		장갑	⑦
추석	③		여름	⑧
손가락	④		아직	⑨
가짜	⑤		오르막	⑩

정답 ① 식물 ② 작년 ③ 설날 ④ 발가락 ⑤ 진짜 ⑥ 감자 ⑦ 양말 ⑧ 겨울 ⑨ 벌써 ⑩ 내리막

창의적으로 표현해 보기

학습자는 다음 낱말이 들어간 표현을 무엇이든 말로 해 보세요.
빈칸에는 그 낱말을 한 번 써 보세요.
(예시 표현은 읽어 주고, 학습자가 큰 소리로 따라서 하도록 해 보세요.)

낱말	내가 하고 싶은 말	써 보기
식당	학교 식당	식당
뱀장어	바다에서 돌아온 뱀장어	뱀장어
감자	튀긴 감자	
동생	귀여운 내 동생	
목욕탕	목욕탕에 가다	
싱거운	싱거운 콩나물국	
잣나무	잣이 열린 잣나무	잣나무
참치	참치 통조림	
녹색	녹색 신호등	
동시	동시를 짓다	
도넛	도넛 한 조각	

창의적 문장 만들기

다음 낱말이 들어가는 문장을 말로 해 보고, 빈칸에는 그 낱말을 한 번 써 보세요.
예시 문장은 읽어 주고, 학습자는 큰 소리로 따라 하세요.

식당	식당에 가자.	식당
작년	지난해가 작년이에요.	작년
잠자리	고추잠자리가 날아가요.	
창가	소년이 창가로 다가가요.	
동네	우리 동네는 작아요.	
목동	목동이 양떼를 몰아요.	목동
신발장	신발은 신발장에 넣으세요.	
냉면	시원한 냉면 어때요?	
갈림길	갈림길에서 어디로 갈까요?	
음식점	음식점에서 사 먹어요.	
자동차	자동차를 타고 가요.	

창의적 문장 만들기

다음 낱말이 들어가는 문장을 말로 해 보고, 빈칸에는 그 낱말을 한 번 써 보세요.
예시 문장은 읽어 주고, 학습자는 큰 소리로 따라 하세요.

결코	결코 그런 게 아니에요.	결코
가끔	가끔 놀이공원에 가요.	
금방	금방 한 말이 참말이니?	금방
정말로	오늘 정말로 추워요.	
쿨쿨	아빠가 쿨쿨 자요.	
갑자기	한 친구가 갑자기 나타나요.	
풍덩	물에 풍덩 빠져요.	풍덩
조금	소금을 조금만 넣으세요.	
충분히	그것은 충분히 알 수 있어요.	
절대로	절대로 해서는 안 돼요.	
마침	마침 그 일이 생각나요.	

다음 자음자에 색칠을 해 보세요.

깍두기

연필

칠판

컴퓨터

컵라면

시냇물

땅콩

받침 글자 만들기

받침 자음자를 바꾸어 새로운 글자를 만드세요. 다 쓰고 난 다음 큰 소리로
읽어 보세요. (예시: ㅋㅓ + ㄴ = 컨 / ㅎㅓ + ㄱ = 헉)

	ㄱ	ㄴ	ㄹ	ㅁ	ㅂ	ㅅ	ㅇ
커		컨		컴			

	ㄱ	ㄴ	ㄹ	ㅁ	ㅂ	ㅅ	ㅇ
터	턱				텁		

	ㄱ	ㄴ	ㄹ	ㅁ	ㅂ	ㅅ	ㅇ
퍼		펀				펏	

	ㄱ	ㄴ	ㄹ	ㅁ	ㅂ	ㅅ	ㅇ
허	헉		험				

받침 글자 만들기

받침 자음자를 바꾸어 새로운 글자를 만드세요. 다 쓰고 난 다음 큰 소리로
읽어 보세요.

	ㄱ	ㄴ	ㄹ	ㅁ	ㅂ	ㅅ	ㅇ
꺼	꺽			껌			

	ㄱ	ㄴ	ㄹ	ㅁ	ㅂ	ㅅ	ㅇ
따		딴				땃	

	ㄱ	ㄴ	ㄹ	ㅁ	ㅂ	ㅅ	ㅇ
뻐			뻘			뻣	

	ㄱ	ㄴ	ㄹ	ㅁ	ㅂ	ㅅ	ㅇ
씨			씰				씽

	ㄱ	ㄴ	ㄹ	ㅁ	ㅂ	ㅅ	ㅇ
짜			짤			짯	

그림과 낱말 연결하기

그림과 낱말을 연결하고 큰 소리로 읽어 보세요.

컴퓨터	한강	국자	공부	스마트폰
딱정벌레	컵라면	깍두기	땅콩	옥수수

글자 골라 써 보기

그림을 보고, 〈보기〉에서 알맞은 글자를 골라 쓰세요. 다 쓰고 난 다음 모든 낱말을
큰 소리로 읽어 보세요.

보기

옥
강
폰
컴

한___   스마트___   ___수수   **컴**___퓨터

딱
칠
컵
딸

___라면   **딱**___정벌레   ___판   막내___

씻
깍
면
땅

깍___두기   ___콩   ___어   짜장___

그림과 낱말 연결하기

그림과 낱말을 연결하고 큰 소리로 읽어 보세요.

| 한강 | 씨앗 | 스마트폰 | 연필 |

낱말 따라 쓰기

위에서 연결한 낱말을 큰 소리로 읽고, 따라서 써 보세요.

	첫째 날		복습	
연필	연필		연필	
한강	한강		한강	
씨앗	씨앗		씨앗	
스마트폰	스마트폰		스마트폰	

그림과 낱말 연결하기

그림과 낱말을 연결하고 큰 소리로 읽어 보세요.

   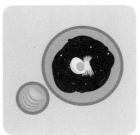

| 편지 | 꿈길 | 짜장 | 학교 |

낱말 따라 쓰기

위에서 연결한 낱말을 큰 소리로 읽고, 따라서 써 보세요.

	첫째 날			복습	
학교	학교			학교	
꿈길	꿈길			꿈길	
짜장	짜장			짜장	
편지	편지			편지	

낱말 만들어 읽고 쓰기

올바른 낱말이 되도록 왼쪽과 오른쪽 글자를 연결하고 빈칸에 그 낱말을 써 넣으세요.

막내	·		·	벌레	딱정벌레	
딱정	·		·	딸	막내딸	
떡	·		·	방울	땀방울	
땀	·		·	국	떡국	

	깍두기	깍	·	·	두기
	씻어	씻	·	·	콩
	깡통	깡	·	·	통
	땅콩	땅	·	·	어

낱말 만들어 읽고 쓰기

올바른 낱말이 되도록 왼쪽과 오른쪽 글자를 연결하고 빈칸에 그 낱말을 써 넣으세요.

빤		떡		벌떡	
빵		히		빤히	
꼼		긋		빵긋	
벌		짝		꼼짝	

	뻘뻘	뻘		뻑
	껌뻑	껌		껄
	뻣뻣이	뻣뻣		뻘
	껄껄	껄		이

어휘 짝 찾기

다음 〈보기〉에서 아래 쓰인 낱말의 짝이 되는 말이나 반대말을 골라 빈칸에 써 넣으세요.

보기

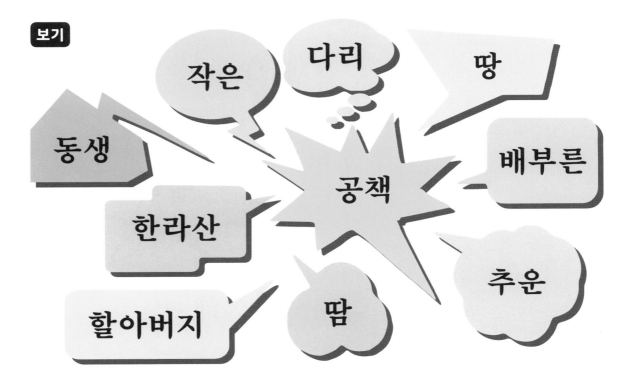

작은 · 다리 · 땅 · 동생 · 배부른 · 공책 · 한라산 · 추운 · 할아버지 · 땀

형	①	백두산	⑥
큰	②	책	⑦
팔	③	하늘	⑧
할머니	④	배고픈	⑨
피	⑤	따뜻한	⑩

어휘 짝 찾기

다음 〈보기〉에서 아래 쓰인 낱말의 짝이 되는 말이나 반대말을 골라 빈칸에 써 넣으세요.

보기

짬뽕	①		연필	⑥
씨앗	②		치약	⑦
선생	③		기쁜	⑧
천천히	④		뚱뚱한	⑨
깨끗한	⑤		가르침	⑩

정답 ① 짜장면 ② 열매 ③ 학생 ④ 빨리 ⑤ 더러운 ⑥ 지우개 ⑦ 칫솔 ⑧ 슬픈 ⑨ 날씬한 ⑩ 배움

창의적으로 표현해 보기

학습자는 다음 낱말이 들어간 표현을 무엇이든 말로 해 보세요.
빈칸에는 그 낱말을 한 번 써 보세요.
(예시 표현은 읽어 주고, 학습자가 큰 소리로 따라서 하도록 해 보세요.)

낱말	내가 하고 싶은 말	써 보기
간판	간판을 걸다.	간판
옥수수	옥수수 두 알	옥수수
학교	학교에 들어가다.	
손수건	손수건을 흔들다.	
할머니	꼬부랑 할머니	
연필	연필 세 자루	
편지	편지를 쓰다.	
한강	한강은 흘러간다.	
칼날	칼날이 서다.	
물통	휴대용 물통	
스마트폰	신형 스마트폰	

창의적 문장 만들기

다음 낱말이 들어가는 문장을 말로 해 보고, 빈칸에는 그 낱말을 한 번 써 보세요.
예시 문장은 읽어 주고, 학습자는 큰 소리로 따라 하세요.

간판	저 간판을 보세요.	간판
국자	국자로 국을 떠요.	국자
악어	악어와 악어새는 친해요.	
칠판	칠판을 지워 주세요.	
텃밭	엄마는 텃밭에서 일해요.	
수컷	장끼는 꿩 수컷입니다.	
칼집	소고기에 칼집을 내요.	
공부	모국어 공부는 중요해요.	
강낭콩	'강낭콩'이 표준말이에요.	
컴퓨터	우리는 컴퓨터를 매일 써요.	
솜사탕	솜사탕은 달콤해요.	

창의적 문장 만들기

다음 낱말이 들어가는 문장을 말로 해 보고, 빈칸에는 그 낱말을 한 번 써 보세요.
예시 문장은 읽어 주고, 학습자는 큰 소리로 따라 하세요.

벌떡	자다 말고 벌떡 일어나요.	벌떡
꼼짝	꼼짝 마라.	꼼짝
빤히	빤히 쳐다보지 마세요.	
껄껄	아빠가 껄껄 웃어요.	
뻣뻣이	떡이 뻣뻣이 굳었어요.	
씽씽	겨울바람이 씽씽 불어요.	
쪼끔	쪼끔 전에 왔다 갔어요.	
급히	급히 먹으면 체해요.	
뻘뻘	땀을 뻘뻘 흘려요.	
호호	누나는 호호 웃어요.	
빙그레	아이가 빙그레 웃어요.	

첫 글자를 바꾸어서 다른 낱말을 만들어 보세요. 다 쓰고 난 다음 큰 소리로 읽어 보세요.

	머	달	미	보	멀	파
소리	머리		미리			

	축	농	탁	배	지	포
야구			탁구			포구

두 번째 글자를 바꾸어서 다른 낱말을 만들어 보세요. 다 쓰고 난 다음 큰 소리로 읽어 보세요.

	복	문	육	사	회	훈
교실			교육		교회	

	네	화	쪽	굴	전	생
동물		동화		동굴	동전	

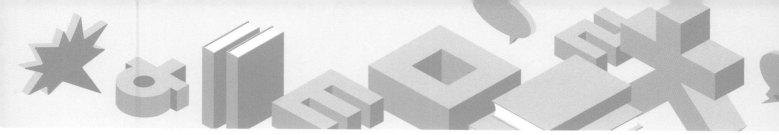

첫소리(초성)를 바꾸어서 다른 낱말을 만들어 보세요. 다 쓰고 난 다음 큰 소리로 읽어 보세요.

	ㄷ	ㅁ	ㅂ	ㅇ	ㅋ	ㄸ	ㅆ
날		말			칼		

	ㅁ	ㅂ	ㅅ	ㅈ	ㅍ	ㄲ	ㅃ
굴	물		술				

모음을 바꾸어서 다른 낱말을 만들어 보세요. 다 쓰고 난 다음 큰 소리로 읽어 보세요.

	ㅏ	ㅓ	ㅗ	ㅔ	ㅕ	ㅚ
불			볼			뵐

	ㅓ	ㅗ	ㅜ	ㅠ	ㅣ	ㅏ
글	걸	골				

다음 받침을 붙여서 글자를 만들어 보세요. 다 쓰고 난 다음 큰 소리로 읽어 보세요.

	ㄱ	ㄴ	ㄷ	ㄹ	ㅁ	ㅂ	ㅅ	ㅇ
바		반					밧	
소				솔		숩	숫	
마					맘	맙		망
나	낙				남			낭

다음 낱말을 큰 소리로 읽고, 한 번씩 써 보세요. 다 쓰고 난 다음 모든 낱말을 큰 소리로 읽어 보세요.

바퀴	
괴물	
추위	
휘파람	
꾀병	
원숭이	

횃불	
궁궐	
연예인	
쐐기	쐐기
화장품	
꾀꼬리	

괭이	
외계인	
의사	
화분	
무늬	
궤도	

다음 빈칸에 해당 번호의 낱말을 써서 퍼즐을 완성해 보세요.

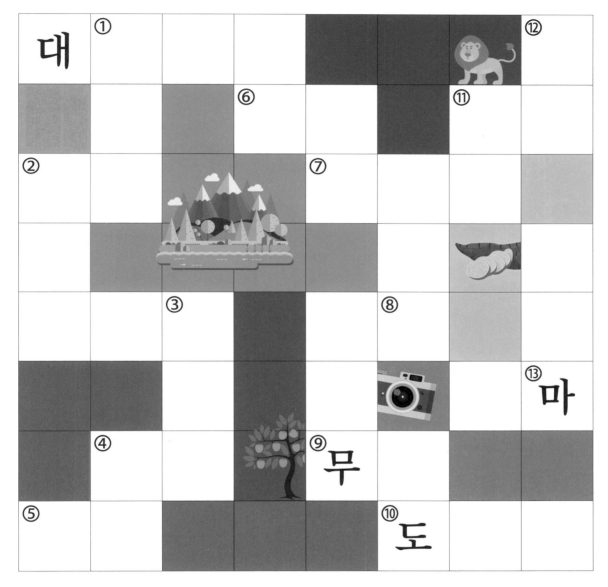

가로
① 대한민국
② 강산
③ 콩나물
④ 장소
⑤ 축구
⑥ 자주
⑦ 인사말
⑧ 감기
⑨ 무기
⑩ 도시락
⑪ 글자
⑬ 하마

세로
① 한라산
② 강낭콩
③ 물청소
④ 장구
⑥ 국자
⑦ 주인
⑧ 사진기
⑨ 감나무
⑩ 기도
⑪ 글말
⑫ 사자
⑬ 고구마

다음 모음자에 색칠을 해 보세요.

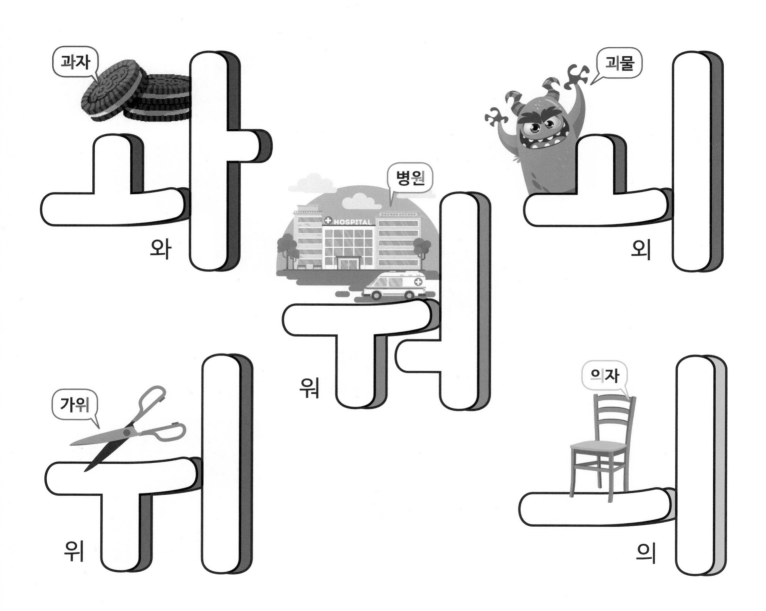

학습 목표
- 복합 모음을 익힌다.
- 복합 모음이 들어간 낱말을 혼자서 쓸 수 있다.

복합 모음 따라 쓰기

다음 모음자를 쓰기 순서대로 따라서 써 보세요.

ㅗ + ㅏ	놔	놔	놔	놔	놔
ㅜ + ㅓ	둬	둬	둬	둬	둬
ㅡ + ㅣ	ᅴ	ᅴ	ᅴ	ᅴ	ᅴ
ㅗ + ㅣ	ㅚ	ㅚ	ㅚ	ㅚ	ㅚ
ㅜ + ㅣ	ㅟ	ㅟ	ㅟ	ㅟ	ㅟ

글자 혼자서 쓰기

자음자 'ㅇ'과 모음자가 결합되어 만들어진 글자를 빈칸에 채워 넣으세요.

첫째 날			복습	

와	와				
워	워				
의	의				
외	외				
위	위				

글자 따라 쓰기

자음자와 모음자를 결합하여 만든 글자를 따라서 써 보세요.
다 쓰고 난 다음 큰 소리로 읽어 보세요.(예시: ㄱ + ㅘ = 과 / ㄴ + ㅟ = 뉘)

	ㅘ	ㅝ	ㅢ	ㅚ	ㅟ
ㄱ	과	궈	긔	괴	귀
ㅇ	와	워	의	외	위
ㅈ	좌	줘	즤	죄	쥐
ㄲ	꽈	꿔	끠	꾀	뀌
ㅌ	톼	퉈	틔	퇴	튀
ㄴ	놔	눠	늬	뇌	뉘
ㅋ	콰	쿼	킈	쾨	퀴

글자 골라 써 보기

그림을 보고, 〈보기〉에서 알맞은 글자를 골라 쓰세요. 다 쓰고 난 다음 모든 낱말을
큰 소리로 읽어 보세요.

보기

퀴
괴
위
쥐

바 퀴___   생___   ___물   가___

화
원
늬
과

___일   ___분   병 원   무___

왕
의
궐
휘

___사   ___왕자   궁 궐   ___파람

그림과 낱말 연결하기

그림과 낱말을 연결하고 큰 소리로 읽어 보세요.

바퀴　　괴물　　추위　　과일

낱말 따라 쓰기

위에서 연결한 낱말을 큰 소리로 읽고, 따라서 써 보세요.

	첫째 날			복습	
바퀴	바퀴			바퀴	
괴물	괴물			괴물	
추위	추위			추위	
과일	과일			과일	

그림과 낱말 연결하기

그림과 낱말을 연결하고 큰 소리로 읽어 보세요.

| 가위 | 휘파람 | 생쥐 | 사과 |

낱말 따라 쓰기

위에서 연결한 낱말을 큰 소리로 읽고, 따라서 써 보세요.

	첫째 날			복습	
가위	가위			가위	
휘파람	휘파람			휘파람	
생쥐	생쥐			생쥐	
사과	사과			사과	

낱말 만들어 읽고 쓰기

올바른 낱말이 되도록 왼쪽과 오른쪽 글자를 연결하고 빈칸에 그 낱말을 써 넣으세요.

의	분	화분	
화	원	병원	
병	자	과자	
과	사	의사	

	왕자	왕	자
	무늬	무	궐
	의자	의	자
	궁궐	궁	늬

낱말 만들어 읽고 쓰기

올바른 낱말이 되도록 왼쪽과 오른쪽 글자를 연결하고 빈칸에 그 낱말을 써 넣으세요.

튀 ·

죄 ·

원 ·

화 ·

· 장품

· 김

· 숭이

· 인

| 화장품 | |

| 튀김 | |

| 원숭이 | |

| 죄인 | |

| 완전히 | |

| 짜당 | |

| 고마워 | |

| 바꿔서 | |

완전 ·

짜 ·

고마 ·

바꿔 ·

· 히

· 서

· 당

· 워

어휘 짝 찾기

다음 〈보기〉에서 아래 쓰인 낱말의 짝이 되는 말이나 반대말을 골라 빈칸에 써 넣으세요.

보기

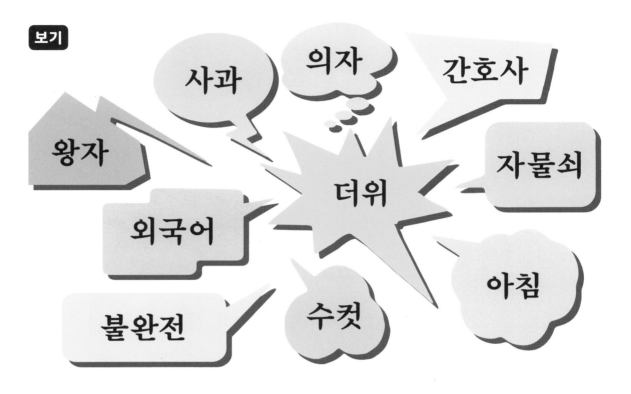

사과 · 의자 · 간호사 · 왕자 · 자물쇠 · 더위 · 외국어 · 아침 · 불완전 · 수컷

추위	①	완전	⑥
모국어	②	책상	⑦
공주	③	열쇠	⑧
배	④	저녁	⑨
의사	⑤	암컷	⑩

정답 ① 더위 ② 외국어 ③ 왕자 ④ 사과 ⑤ 간호사 ⑥ 불완전 ⑦ 의자 ⑧ 자물쇠 ⑨ 아침 ⑩ 수컷

어휘 짝 찾기

다음 〈보기〉에서 아래 쓰인 낱말의 짝이 되는 말이나 반대말을 골라 빈칸에 써 넣으세요.

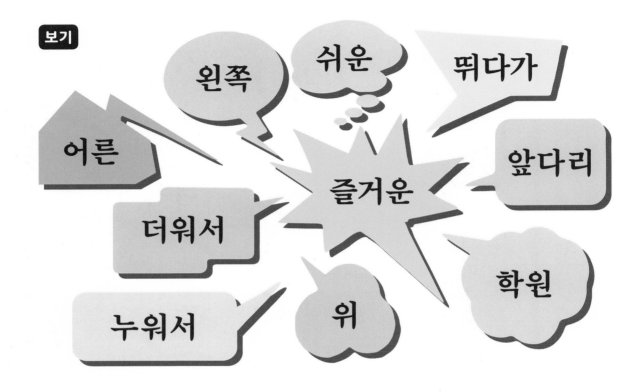

보기: 왼쪽, 쉬운, 뛰다가, 어른, 앞다리, 즐거운, 더워서, 학원, 누워서, 위

서서	①	어려운	⑥
어린이	②	아래	⑦
오른쪽	③	추워서	⑧
괴로운	④	학교	⑨
뒷다리	⑤	걷다가	⑩

정답 ① 누워서 ② 어른 ③ 왼쪽 ④ 즐거운 ⑤ 앞다리 ⑥ 쉬운 ⑦ 위 ⑧ 더워서 ⑨ 학원 ⑩ 뛰다가

창의적으로 표현해 보기

학습자는 다음 낱말이 들어간 표현을 무엇이든 말로 해 보세요.
빈칸에는 그 낱말을 한 번 써 보세요.
(예시 표현은 읽어 주고, 학습자가 큰 소리로 따라서 하도록 해 보세요.)

낱말	내가 하고 싶은 말	써 보기
바퀴	자동차 바퀴	바퀴
더위	더위를 먹은 짐승	
바위	달걀로 바위 치기	바위
쇠고기	비싼 쇠고기	
외톨이	외톨이가 된 아이	
기저귀	기저귀를 찬 아기	기저귀
추위	매서운 추위	
가위	가위를 내다	
휘파람	휘파람을 불다.	휘파람
외국	외국에 가다.	
윗사람	윗사람을 존경하다.	

창의적 문장 만들기

다음 낱말이 들어가는 문장을 말로 해 보고, 빈칸에는 그 낱말을 한 번 써 보세요.
예시 문장은 읽어 주고, 학습자는 큰 소리로 따라 하세요.

회사	아빠는 회사에 다녀요.	회사
꾀돌이	꾀가 많은 어린아이가 꾀돌이다.	
완전히	이 책으로 한글을 완전히 익혀요.	완전히
무늬	체크무늬 옷을 사자.	
뛰다가	뛰다가 넘어지면 다쳐요.	뛰다가
굉장히	전주 한옥 마을은 굉장히 유명하다.	
귀여운	저 귀여운 아이를 봐.	
외삼촌	외삼촌과 엄마는 형제다.	
위험한	위험한 물건은 치워라.	
발표회	독서 발표회가 열려요.	발표회
과거	어제도 과거다.	

창의적 문장 만들기

다음 낱말이 들어가는 문장을 말로 해 보고, 빈칸에는 그 낱말을 한 번 써 보세요.
예시 문장은 읽어 주고, 학습자는 큰 소리로 따라 하세요.

회사	아빠는 회사에 다녀요.	회사
튀김	튀김이 바삭하다.	
원숭이	원숭이는 사람과 비슷하다.	
병원	어느 병원에 가니?	
화장품	어린이도 화장품을 바른다.	화장품
과자	이 과자 얼마예요?	
열쇠	열쇠로 문을 연다.	
의사	의사가 환자를 진료한다.	
왕자	왕자는 왕의 아들이다.	왕자
완전한	완전한 사람이라고 생각하니?	
과일	과일은 건강에 좋다.	

13장 복합 모음 [2] (ㅒ, ㅖ, ㅙ, ㅞ)

다음 모음자에 색칠을 해 보세요.

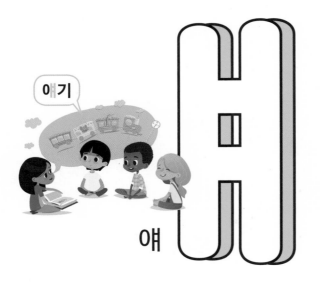

애

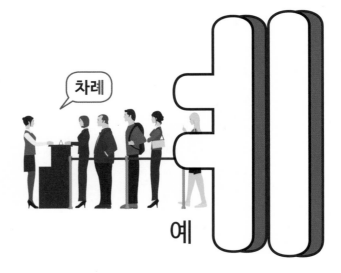

예

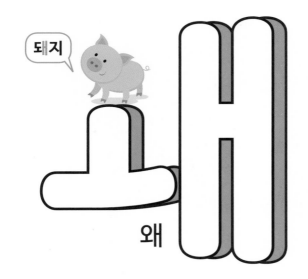

왜

웨

학습 목표	• 복합 모음을 익힌다. • 복합 모음이 들어간 낱말을 혼자서 쓸 수 있다.

복합 모음 따라 쓰기

다음 모음자를 쓰기 순서대로 따라서 써 보세요.

		첫째 날		복습	
ㅑ + ㅣ	ㅒ	ㅒ	ㅒ	ㅒ	ㅒ
ㅕ + ㅣ	ㅖ	ㅖ	ㅖ	ㅖ	ㅖ
ㅗ + ㅐ	ㅙ	ㅙ	ㅙ	ㅙ	ㅙ
ㅜ + ㅔ	ㅞ	ㅞ	ㅞ	ㅞ	ㅞ

다음 글자를 쓰기 순서대로 따라서 써 보세요.

애	애		왜	왜	
예	예		웨	웨	

글자 따라 쓰기

자음자와 모음자를 결합하여 만든 글자를 따라서 써 보세요.

ㄱ+ㅙ	괘	괘			
ㄱ+ㅞ	궤	궤			
ㄱ+ㅖ	계	계			
ㄷ+ㅙ	돼	돼			
ㄹ+ㅖ	례	례			
ㅅ+ㅙ	쇄	쇄			
ㅅ+ㅞ	쉐	쉐			
ㅎ+ㅞ	훼	훼			
ㅎ+ㅖ	혜	혜			
ㄲ+ㅞ	꿰	꿰			
ㅆ+ㅙ	쐐	쐐			

글자 골라 써 보기

그림을 보고, 〈보기〉에서 알맞은 글자를 골라 쓰세요. 다 쓰고 난 다음 모든 낱말을 큰 소리로 읽어 보세요.

보기

| 괭 |
| 계 |
| 옛 |
| 돼 |

___지　　　___란　　　괭이　　　옛날

보기

| 쐐 |
| 예 |
| 웨 |
| 계 |

연___인　　　쐐기　　　외___인　　　스___터

보기

| 훼 |
| 례 |
| 왜 |
| 궤 |

___방　　　궤도　　　차___　　　왜가리

그림과 낱말 연결하기

그림과 낱말을 연결하고 큰 소리로 읽어 보세요.

 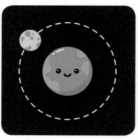  

| 차례 | 계란 | 돼지 | 궤도 |

낱말 따라 쓰기

위에서 연결한 낱말을 큰 소리로 읽고, 따라서 써 보세요.

	첫째 날		복습	
차례	차례		차례	
계란	계란		계란	
돼지	돼지		돼지	
궤도	궤도		궤도	

그림과 낱말 연결하기

그림과 낱말을 연결하고 큰 소리로 읽어 보세요.

| 웨이터 | 연예인 | 외계인 | 예술가 |

낱말 따라 쓰기

위에서 연결한 낱말을 큰 소리로 읽고, 따라서 써 보세요.

	첫째 날			복습	
웨이터	웨이터			웨이터	
연예인	연예인			연예인	
외계인	외계인			외계인	
예술가	예술가			예술가	

낱말 만들어 읽고 쓰기

올바른 낱말이 되도록 왼쪽과 오른쪽 글자를 연결하고 빈칸에 그 낱말을 써 넣으세요.

옛		이	괭이	
예		날	옛날	
애		술	예술	
괭		기	애기	

	차례	차		지
	돼지	돼		방
	쐐기	쐐		례
	훼방	훼		기

낱말 만들어 읽고 쓰기

올바른 낱말이 되도록 왼쪽과 오른쪽 글자를 연결하고 빈칸에 그 낱말을 써 넣으세요.

경 ·

횃 ·

스웨 ·

지 ·

· 불

· 례

· 혜

· 터

횃불	
경례	
지혜	
스웨터	

	꽤나
	왠지
	웬일
	괜히

꽤 ·

왠 ·

웬 ·

괜 ·

· 일

· 히

· 나

· 지

창의적으로 표현해 보기

학습자는 다음 낱말이 들어간 표현을 무엇이든 말로 해 보세요.

빈칸에는 그 낱말을 한 번 써 보세요.

(예시 표현은 읽어 주고, 학습자가 큰 소리로 따라서 하도록 해 보세요.)

낱말	내가 하고 싶은 말	써 보기
옛날	옛날 이야기	옛날
외계인	비행접시를 타고 온 외계인	외계인
돼지	꿀꿀거리는 아기 돼지	
웨이터	친절한 웨이터	
횃불	높이 든 횃불	
스웨터	따뜻한 스웨터	
괭이	괭이로 땅을 파다	
계란	계란 서너 알	
연예인	인기 높은 연예인	
왜가리	개구리를 잡아먹는 왜가리	
궤도	평행 궤도를 달리는 기차	

창의적 문장 만들기

다음 낱말이 들어가는 문장을 말로 해 보고, 빈칸에는 그 낱말을 한 번 써 보세요.
예시 문장은 읽어 주고, 학습자는 큰 소리로 따라 하세요.

돼지	저기 돼지 저금통이 있다.	돼지
계산	계산하면 백 원이다.	계산
웬일로	웬일로 여기 왔니?	
차례	차례를 지켜라.	
지혜	이것이 생활의 지혜다.	
꽤나	봄볕이 꽤나 따뜻하다.	
경례	차렷! 경례!	
왠지	왠지 모르게 머리가 아프다.	왠지
왜냐하면	왜냐하면 그것이 비싸기 때문이다.	왜냐하면
예술	운동과 예술은 다르다.	
훼방	훼방하지 마라.	

기본 모음이 결합된 복합 모음을 쓰고, 자음자 'ㅇ'과 그 복합 모음이 결합된 글자를 써 넣으세요.

ㅗ+ㅏ	과	와

ㅑ+ㅣ	걔	얘

ㅜ+ㅓ		

ㅕ+ㅣ		

ㅡ+ㅣ		

ㅗ+ㅐ		

ㅗ+ㅣ		

ㅜ+ㅔ		

ㅜ+ㅣ		

다음 낱말을 큰 소리로 읽고, 한 번씩 써 보세요.

돼지		계란		의자	
사과		죄인		예의	예의
생쥐		웬일	웬일	최고	
외국		왕자		왠지	
계산		튀김	튀김	예술	
과일		훼방		위에	

바퀴		횃불		괭이	
괴물		궁궐		외계인	
추위		연예인		의사	
휘파람		쐐기	쐐기	화분	
꾀병		화장품		무늬	
원숭이		꾀꼬리		궤도	

다음 그림에 해당하는 낱말을 연결하고, 그 낱말을 빈칸에 써 넣으세요.

화장품	바퀴	병원	괭이	휘파람
화장품				

원숭이	바위	돼지	외계인	횃불
			외계인	

다음 빈칸에 해당 번호의 낱말을 써서 퍼즐을 완성해 보세요.

가로
① 화장품
② 창가
③ 교문
⑤ 병원
⑥ 외톨이
⑦ 농촌
⑧ 이모부
⑨ 웨이터
⑩ 외계인
⑫ 떡국

세로
① 화가
② 창문
③ 교회
④ 품질
⑤ 원숭이
⑥ 외삼촌
⑦ 농부
⑧ 놀이터
⑨ 스웨터
⑩ 외국
⑪ 연예인

15장 받침 글자와 받침 낱말

우리말에는 입으로 하는 말과 글로 쓰는 말이 다른 경우가 많습니다.
이러한 말은 소리 나는 대로 적으면 틀립니다.
소리와 글자의 차이를 익히면서 학습해 보세요.

학습 목표	• 받침 낱말을 익힌다. • 소리와 글자의 차이를 학습한다.

74   15장 · 받침 글자와 받침 낱말

'¬, ㄴ' 받침 글자 써 보기

다음 '¬, ㄴ' 받침의 낱말을 큰 소리로 읽고, 올바르게 써 보세요.
소리 나는 대로 쓰지 마세요.

입말: 책 + 이 = 책기 [채기]

		틀린 글자	맞는 글자	써 보기
책	+이	~~채기~~	책이	책이
	+을	~~채글~~	책을	책을
	+에	~~체계~~	책에	책에
	+은	~~채근~~	책은	책은

입말: 눈 + 에서 = 눈네서 [누네서]

		틀린 글자	맞는 글자	써 보기
눈	+이	~~누니~~	눈이	눈이
	+을	~~누늘~~	눈을	눈을
	+에서	~~누네서~~	눈에서	눈에서
	+은	~~누는~~	눈은	눈은

받침 글자 읽고 쓰기

다음 'ㄱ, ㄴ' 받침의 낱말을 큰 소리로 읽고, 올바르게 써 보세요.

ㄱ, ㄴ 받침 낱말	따라 쓰기	혼자 쓰기
거북이	거북이	
목요일	목요일	
국어	국어	
먹이	먹이	
목욕탕	목욕탕	
어린이	어린이	
글쓴이	글쓴이	
인어	인어	
손이	손이	
지은이	지은이	
눈이	눈이	
한국인	한국인	

같은 소리 다른 뜻

소리는 같지만 뜻이 다른 말입니다. 그림을 보면서 낱말을 따라서 쓰고
큰 소리로 읽어 보세요.

	고기	곡이	
	고기 를 먹고	노래의 곡이 좋아	

	새 글	색을	
	새 글을 읽고	색을 칠하고	

	어른	얼은	
	어른 이 되면	얼은 물	

	모기	목이	
	큰 모기 가	목이 아파서	

	도니	돈이	
	모퉁이를 도니	돈이 부족해서	

'르, ㅁ' 받침 글자 써 보기

다음 'ㄹ, ㅁ' 받침의 낱말을 큰 소리로 읽고, 올바르게 써 보세요.
소리 나는 대로 쓰지 마세요.

입말: 동물 + 이 = 동물리 [동무리]

동물		틀린 글자	맞는 글자	써 보기
	+이	~~동무리~~	동물이	동물이
	+을	~~동무를~~	동물을	동물을
	+에게	~~동무레게~~	동물에게	동물에게
	+은	~~동무른~~	동물은	동물은

입말: 사람 + 이 = 사람미 [사라미]

사람		틀린 글자	맞는 글자	써 보기
	+이	~~사라미~~	사람이	사람이
	+을	~~사라플~~	사람을	사람을
	+에게	~~사라메게~~	사람에게	사람에게
	+은	~~사라픈~~	사람은	사람은

받침 글자 읽고 쓰기

다음 'ㄹ, ㅁ' 받침의 낱말을 큰 소리로 읽고, 올바르게 써 보세요.

ㄹ, ㅁ 받침 낱말	따라 쓰기	혼자 쓰기
할아버지	할아버지	
큰어머니	큰어머니	
동물들이	동물들이	
얼음	얼음	
들으면	들으면	
사람이	사람이	
음악	음악	
사람이	사람이	
힘이	힘이	
여름에는	여름에는	
달님이	달님이	
이름이	이름이	

같은 소리 다른 뜻

소리는 같지만 뜻이 다른 말입니다. 그림을 보면서 낱말을 따라서 쓰고 큰 소리로 읽어 보세요.

	무리	물이	
	무리 를 지어	사먹은 물이	

	다리	달이	
	다리 가 아파서	둥근 달이	

	바른	발은	
	바른 자세	발은 크지만	

	너머	넘어	
	저 산 너머	산을 넘어	

같은 소리 다른 뜻

소리는 같지만 뜻이 다른 말입니다. 그림을 보면서 낱말을 따라서 쓰고
큰 소리로 읽어 보세요.

	마른	말은	
	마른 풀	달리는 말은	

먼저 ≒ 이미 ≒	미리	밀이	
	미리 알고	밀이 익어서	

	버리고	벌이고	
	쓰레기를 버리고	서로 싸움을 벌이고	

	파리	팔이	
	파리가 날아 다니고	팔이 아파서	

'ㅂ, ㅅ' 받침 글자 써 보기

다음 'ㅂ, ㅅ' 받침의 낱말을 큰 소리로 읽고, 올바르게 써 보세요.
소리 나는 대로 쓰지 마세요.

입말: 입 + 이 = 입↗비 [이비]

		틀린 글자	맞는 글자	써 보기
입	+ 이	~~이비~~	입이	입이
	+ 을	~~이블~~	입을	입을
	+ 에서	~~이뻐서~~	입에서	입에서
	+ 은	~~이븐~~	입은	입은

입말: 옷 + 이 = 옷↗시 [오시]

		틀린 글자	맞는 글자	써 보기
옷	+ 이	~~오시~~	옷이	옷이
	+ 을	~~오슬~~	옷을	옷을
	+ 에	~~오세~~	옷에	옷에
	+ 은	~~오슨~~	옷은	옷은

받침 글자 읽고 쓰기

다음 'ㅂ, ㅅ' 받침의 낱말을 큰 소리로 읽고, 올바르게 써 보세요.

ㅂ, ㅅ 받침 낱말	따라 쓰기	혼자 쓰기
밥이	밥이	
집에서	집에서	
법을	법을	
합이	합이	
답을	답을	
굽이	굽이	
옷이	옷이	
빗으로	빗으로	
벗어	벗어	
그릇이	그릇이	
벗이여	벗이여	
것을	것을	

같은 소리 다른 뜻

소리는 같지만 뜻이 다른 말입니다. 그림을 보면서 낱말을 따라서 쓰고
큰 소리로 읽어 보세요.

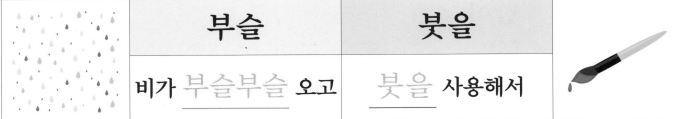

반드시	반듯이
약속을 반드시 지키고	반듯이 누워서

부슬	붓을
비가 부슬부슬 오고	붓을 사용해서

나비	납이
나비 가 날아서	납이 들어간 장난감

버스로	벗으로
버스로 간다	벗으로 지낸 지

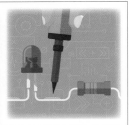

감정 표현 익히기

사람의 감정을 표현하는 낱말은 여러 가지입니다. 아래 문장에 어울리는 낱말을 골라 써 보세요.

보기

😠	화난다
😃	기쁘다
😊	행복하다
😢	슬프다

새 옷을 사서	① ·
엄마가 아파서	② ·
동생이 억지를 부려서	③ ·
가족이 함께 살고 있어	④ ·

보기

😍	흥분된다
😁	즐겁다
😣	괴롭다
😐	짜증난다

날씨가 무더워서	⑤ ·
친구와 싸워서 내 마음도	⑥ ·
우리나라가 축구를 이겨서	⑦ ·
가족 여행을 와서	⑧ ·

정답 ① 기쁘다 ② 슬프다 ③ 화난다 ④ 행복하다 ⑤ 짜증난다 ⑥ 괴롭다 ⑦ 흥분된다 ⑧ 즐겁다

16장 받침 글자와 소리 변화

우리말에는 입으로 하는 말과 글로 쓰는 말이 다른 경우가 많습니다.
이러한 말은 소리 나는 대로 적으면 틀립니다.
소리와 글자의 차이를 익히면서 학습해 보세요.

학습 목표
▪ 소리와 글자의 차이를 익힌다.
▪ 소리를 통해서 글자를 익힌다.

받침 글자와 소리 변화

기본 받침 글자(ㄱ, ㄴ, ㄹ, ㅁ, ㅂ, ㅅ) 다음에 자음이 오면 그 자음은 소리가 세지는
경우가 많습니다. 다음 낱말은 첫 글자 받침 자음의 영향을 받아서 다음 글자의
첫 자음이 센소리로 변화됩니다. 큰 소리로 읽으면서 글자 쓰기 연습을 해 보세요.

식 + 당 → 식 + ㄷ + 당 [식땅]

받침	글말	혼자 쓰기
ㄱ + ㅅ	책 + 상	책상
ㄴ + ㅅ	눈 + 사람	
ㄹ + ㅂ	발 + 바닥	

받침	글말	혼자 쓰기
ㅁ + ㅂ	김 + 밥	
ㅂ + ㅅ	입 + 술	
ㅅ + ㄱ	냇 + 가	

재미있는 흉내말 익히기

우리말에는 흉내 내는 말이 엄청나게 많습니다. 문장에 어울리는 낱말을 골라 써 넣으세요.

보기

- 퐁당
- 깡충깡충
- 딸랑딸랑
- 펄럭펄럭

태극기가 바람에	①	나부낍니다.
토끼가	②	뜁니다.
방울 소리가	③	울립니다.
돌멩이가 물속으로	④	빠집니다.

답 ① 펄럭펄럭 ② 깡충깡충 ③ 딸랑딸랑 ④ 퐁당

'¬, ㄴ, ㄹ' 받침 낱말 읽고 쓰기

다음 받침 낱말을 큰 소리로 읽고, 올바르게 써 보세요.

받침 낱말	따라 쓰기	혼자 쓰기
식당	식당	
책상	책상	
백두산	백두산	
축구	축구	
눈사람	눈사람	
손가락	손가락	
손등	손등	
글자	글자	
걸상	걸상	
물결	물결	
발바닥	발바닥	
발자국	발자국	

'口, ㅂ, ㅅ' 받침 낱말 읽고 쓰기

다음 받침 낱말을 큰 소리로 읽고, 올바르게 써 보세요.

받침 낱말	따라 쓰기	혼자 쓰기
밤길	밤길	
보름달	보름달	
비빔밥	비빔밥	
줄넘기	줄넘기	
입술	입술	
밥상	밥상	
집게	집게	
입구	입구	
옷장	옷장	
씻고	씻고	
시냇가	시냇가	
숫자	숫자	

'∟, ㅁ' 앞에서 받침 소리의 변화

받침 'ㄱ, ㄷ, ㅂ, ㅅ'이 '∟, ㅁ'으로 시작하는 글자를 만나면 다음과 같이 소리가 변화됩니다. 소리 나는 대로 글자를 쓰지 마세요.

국+물 → 국+ㄱ+물 → 국+ㅇ+물 [궁물]

받침 + ∟/ㅁ	글말	혼자 쓰기
ㄱ+∟ → [ㅇ+∟]	죽+는	죽는
	익+는다	
	먹+는다	
ㄱ+ㅁ → [ㅇ+ㅁ]	박+물관	
	국+민	
ㅂ+∟ → [ㅁ+∟]	잡+는다	
	입+는다	
ㅂ+ㅁ → [ㅁ+ㅁ]	입+말	
	밥+물	
ㄷ+∟ → [∟+∟]	닫+는다	
	걷+는다	
ㅅ+∟ → [∟+∟]	옛+날	
ㅅ+ㅁ → [∟+ㅁ]	냇+물	

'∟, □' 앞 'ㄱ, ㅂ, ㅅ' 받침의 글자 써 보기

다음 '∟, □' 소리 앞의 받침 글자를 큰 소리로 읽고, 올바르게 써 보세요.

받침 낱말	따라 쓰기	혼자 쓰기
박는	박는	
먹는	먹는	
박물관	박물관	
옛날	옛날	
입는	입는	
씹는	씹는	
냇물에서	냇물에서	
잡는다	잡는다	
콧날이	콧날이	
갓난아이	갓난아이	
국민은	국민은	
밥물을	밥물을	

같은 소리 다른 뜻

소리는 같지만 뜻이 다른 말입니다. 그림을 보면서 낱말을 따라서 쓰고
큰 소리로 읽어 보세요.

	강만	각만	
	강만 바라본다	각만 잘 잡으면	

	밤만	밥만	
	밤만 되면 무섭다	밥만 먹으면 잔다	

	생마늘	색만을	
	생마늘을 먹다	어두운 색만을 칠해라	

	짐만	집만	
	짐만 챙겨서 가자	집만 떠나면 힘들다	

	작년	장년	
	작년에 집을 샀다	장년에 대비해서	

'ㅎ' 앞에서 받침 소리의 변화

첫 글자의 받침 자음 'ㄱ'이 'ㅎ'과 만나면 [ㅋ]로, 'ㅂ, ㅅ'이 'ㅎ'을 만나면
[ㅍ, ㅌ]로 됩니다. 큰 소리로 읽으면서 써 보세요. 소리 나는 대로 쓰면 틀립니다.

착 + 한 → 착↗ㄱ + ㅎ↙한 → 착 + ㅋ + 한 [차칸]

받침	글말	혼자 쓰기
ㄱ + ㅎ = ㅋ	독한	독한
ㅂ + ㅎ = ㅍ	입학	
ㅅ + ㅎ = ㅌ	뚜렷한	

재미있는 흉내말 익히기

우리말에는 흉내 내는 말이 엄청나게 많습니다. 문장에 어울리는 낱말을 골라 써 넣으세요.

보기

보슬보슬
짹짹
느릿느릿
쨍그랑

거북이가 ①		걸어갑니다.
이슬비가 ②		내립니다.
거울이 ③		깨졌습니다.
참새가 ④		지저귑니다.

정답 ① 느릿느릿 ② 보슬보슬 ③ 쨍그랑 ④ 짹짹

'_ㅎ_' 앞에서 '_ㄱ, ㅂ, ㅅ_' 받침 소리의 변화

다음 'ㅎ' 앞에서 변화하는 'ㄱ, ㅂ, ㅅ' 받침 글자를 큰 소리로 읽고,
올바르게 써 보세요. 소리 나는 대로 쓰면 틀립니다.

받침 낱말	따라 쓰기	혼자 쓰기
막힌	막힌	
익힌	익힌	
식혀서	식혀서	
짝하고	짝하고	
딱히	딱히	
잡혀서	잡혀서	
급히	급히	
입히고	입히고	
눕히고	눕히고	
깨끗한	깨끗한	
비슷한	비슷한	
짜릿한	짜릿한	

사계절 표현 익히기

우리나라는 사계절이 있어요. 각 계절마다 날씨가 달라요. 빈칸에 적당한 말을 써 넣으세요.

보기

❄ 춥다

☀ 덥다

🍁 선선하다

🍃 따스하다

봄에는	①	.
여름에는	②	.
가을에는	③	.
겨울에는	④	.

우리는 계절마다 다른 장소에서 다른 놀이를 하지요. 빈칸에 적당한 말을 써 넣으세요.

보기

❄ 썰매를

🍁 단풍놀이를

🍃 나물을

☀ 물놀이를

봄에는	⑤	캔다.
여름에는	⑥	간다.
가을에는	⑦	간다.
겨울에는	⑧	탄다.

같은 소리 다른 뜻

소리는 같지만 뜻이 다른 말입니다. 그림을 보면서 낱말을 따라서 쓰고
큰 소리로 읽어 보세요.

	시켜서	식혀서	
	엄마가 시켜서	국을 식혀서 먹고	

	시킨	식힌	
	일을 시킨 사람	식힌 숭늉	

	잎이고	입히고	
	이것은 잎이고	새 옷을 입히고	

단위 표현 익히기

사람이나 사물을 세는 여러 가지 말이 있습니다. 단위 표현에 어울리는 낱말을
골라 써 넣으세요.

보기

포기

자루

권

장

켤레

책	열	①
배추	한	②
신발	한	③
종이	넉	④
연필	다섯	⑤

보기

벌

잔

그루

채

조각

피자	여섯	⑥
물	한	⑦
나무	세	⑧
옷	한	⑨
집	한	⑩

정답 ① 권 ② 포기 ③ 켤레 ④ 장 ⑤ 자루 ⑥ 조각 ⑦ 잔 ⑧ 그루 ⑨ 벌 ⑩ 채

17장 받침 글자 복습 [2]

다음 받침 낱말을 큰 소리로 읽고, 올바르게 써 보세요. 소리 나는 대로 쓰지 마세요.

받침 낱말	따라 쓰기	혼자 쓰기
벗을	벗을	
밥을	밥을	
책을	책을	
눈에는	눈에는	
그물이	그물이	
출석을	출석을	
밀물이	밀물이	
밤에는	밤에는	
바람이	바람이	
별에는	별에는	
쌀에	쌀에	
봄철에	봄철에	

다음 〈보기〉의 낱말을 큰 소리로 읽고 밑줄 위에 알맞은 것을 골라 써 보세요.

보기

- 밤만
- 책을
- 야구장에
- 물을
- 식당에
- 눈이

차가운 ① _____ 마신다.

② _____ 사러 서점에 간다.

③ _____ 되면 무슨 소리가 들린다.

④ _____ 가서 밥을 먹는다.

아빠와 함께 ⑤ _____ 에 간다.

⑥ _____ 아파서 병원에 간다.

보기

- 장갑을
- 바람이
- 운동화를
- 눈이
- 장난감을
- 발가락이

겨울에는 ⑦ _____ 내린다.

오래 걸어서 ⑧ _____ 아프다.

⑨ _____ 사러 가게에 간다.

⑩ _____ 불고 비가 내린다.

⑪ _____ 끼고 모자를 쓴다.

⑫ _____ 신고 놀이터에 간다.

정답 ① 물을 ② 책을 ③ 밤만 ④ 식당에 ⑤ 야구장에 ⑥ 눈이 ⑦ 눈이 ⑧ 발가락이 ⑨ 장난감을 ⑩ 바람이 ⑪ 장갑을 ⑫ 운동화를

다음 〈보기〉의 낱말을 큰 소리로 읽고 밑줄 위에 알맞은 것을 골라 써 보세요.

보기

장난을
밤에
잡고
손뼉을
새벽에
공을

놀이터에서 ① ＿＿＿＿＿＿＿＿ 차면서 논다.
엄마의 손을 ② ＿＿＿＿＿＿＿＿ 소풍을 간다.
③ ＿＿＿＿＿＿＿＿ 치면서 노래를 한다.
④ ＿＿＿＿＿＿＿＿ 일찍 잠을 잔다.
⑤ ＿＿＿＿＿＿＿＿ 일어나 운동을 한다.
동생과 ⑥ ＿＿＿＿＿＿＿＿ 친다.

보기

식혀서
냇가에서
빗는다
옷을
먹은
입이

새 ⑦ ＿＿＿＿＿＿＿＿ 입고 자랑을 한다.
⑧ ＿＿＿＿＿＿＿＿ 아파서 약을 바른다.
빗으로 머리를 ⑨ ＿＿＿＿＿＿＿＿ .
밥을 ⑩ ＿＿＿＿＿＿＿＿ 후에 책을 본다.
⑪ ＿＿＿＿＿＿＿＿ 수영을 한다.
국을 ⑫ ＿＿＿＿＿＿＿＿ 먹는다.

정답 ① 공을 ② 잡고 ③ 손뼉을 ④ 밤에 ⑤ 새벽에 ⑥ 장난을 ⑦ 옷을 ⑧ 입이 ⑨ 빗는다 ⑩ 먹은 ⑪ 냇가에서 ⑫ 식혀서

다음 〈보기〉의 낱말을 큰 소리로 읽고 밑줄 위에 알맞은 것을 골라 써 보세요.

보기

발자국이
할아버지
줄넘기를
놀이터에서
그릇에
모국어는

내 ① _____ 한국어다.

밥을 ② _____ 퍼 먹는다.

나가서 ③ _____ 하자.

④ _____ 와 할머니

⑤ _____ 그네를 탔다.

눈에 ⑥ _____ 찍혔다.

보기

물에서
눈물이
집에서
봄에는
착한
들어가서

⑦ _____ 텔레비전을 본다.

물고기는 ⑧ _____ 산다.

방에 ⑨ _____ 쉰다.

⑩ _____ 꽃이 핀다.

너무 슬퍼서 ⑪ _____ 난다.

내 친구는 ⑫ _____ 사람이다.

정답 ① 모국어는 ② 그릇에 ③ 줄넘기를 ④ 할아버지 ⑤ 놀이터에서 ⑥ 발자국이 ⑦ 집에서 ⑧ 물에서 ⑨ 들어가서 ⑩ 봄에는 ⑪ 눈물이 ⑫ 착한

다음 빈칸에 해당 번호의 낱말을 써서 퍼즐을 완성해 보세요.

가로
① 눈동자
② 발바닥
③ 국물
④ 결혼
⑤ 잣나무
⑥ 더미
⑦ 가위
⑧ 거짓말
⑨ 줄넘기
⑩ 생일
⑪ 하늘

세로
① 눈사람
② 발자국
③ 물결
④ 혼잣말
⑤ 무더위
⑦ 가방
⑧ 거기
⑨ 줄기
⑩ 생마늘

다음 문장을 큰 소리로 읽고 따라서 써 보세요.

내가 대한민국의 미래다.

나는 무엇이든 잘할 수 있다.

일찍 일어난 새가 벌레를 잡는다.

웃으면 복이 온다.

시간은 돈이다.

실패는 성공의 어머니이다.

대립 어휘 학습은
〈퀴즈 모공열〉 앱으로

안드로이드/아이폰 모두 사용 가능

〈퀴즈 모공열〉 앱은 우리말 핵심 어휘 6천 개, 예문 3천 개를 포함한
총 15,000개 어휘를 활용하여 퀴즈가 구성되어 있습니다.
〈퀴즈 모공열〉로 퀴즈를 풀다 보면
우리말 어휘 능력이 놀랄 만큼 향상되는 것을 느끼실 수 있습니다.

모공열은 "모국어가 공부의 열쇠다"의 줄임말로
창의적 인재와 사고력을 키우는
대립 개념 중심의 모국어 학습 브랜드입니다.